W0409310

bang.

© Pedro Mancini, 2017

de cette édition
© Bang ediciones
première édition, janvier 2018

Traduction de l'espagnol
stéphane corbinais

Tous les droits réservés

Imprimé par Gráficas Lizarra
Espagne, UE, XII 2017
isbn: 978 84 161149 3 1
dépôt légal à parution

www.bangediciones.com

1
CAUCHEMARS

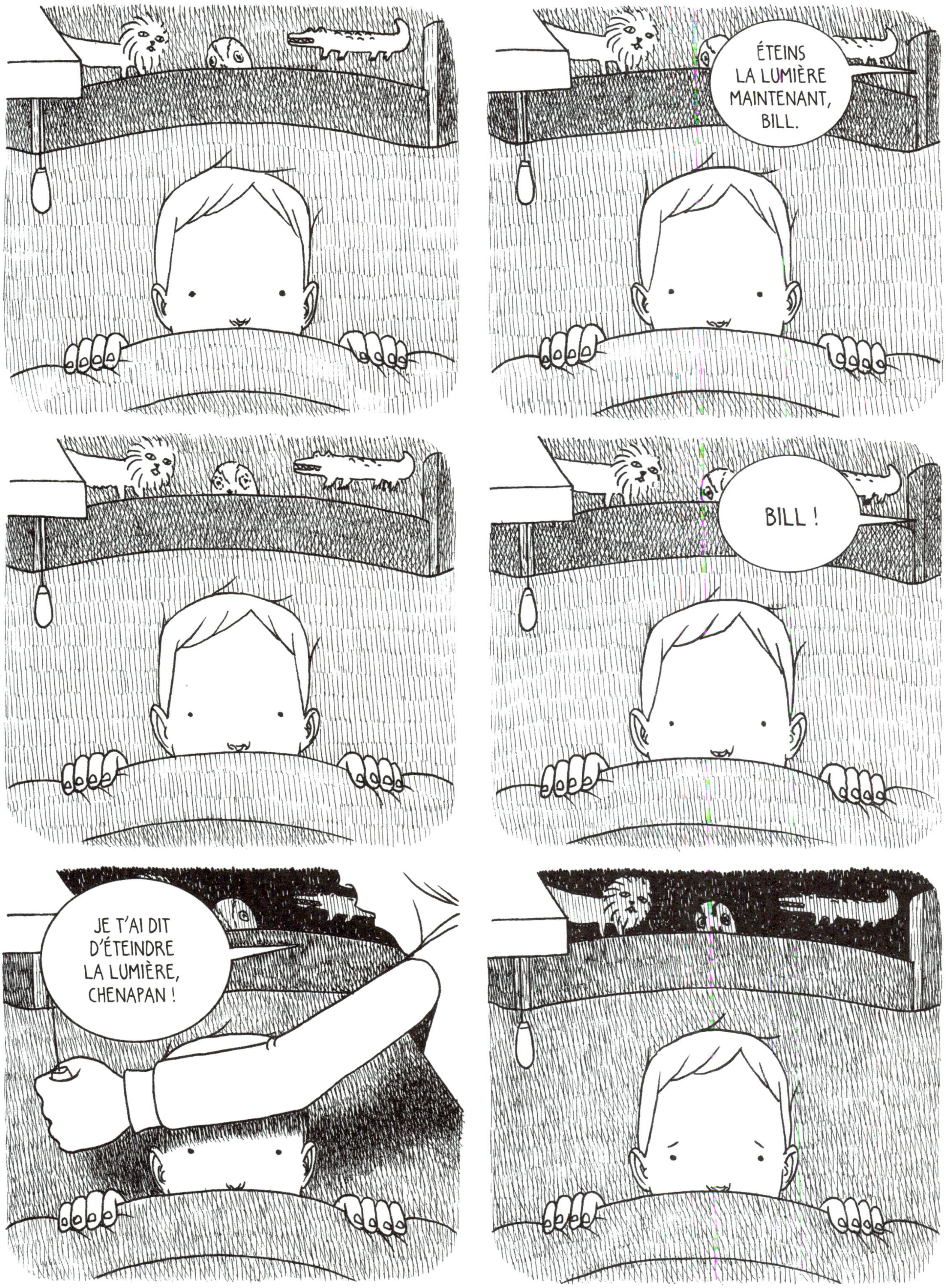
ÉTEINS LA LUMIÈRE MAINTENANT, BILL.
BILL !
JE T'AI DIT D'ÉTEINDRE LA LUMIÈRE, CHENAPAN !

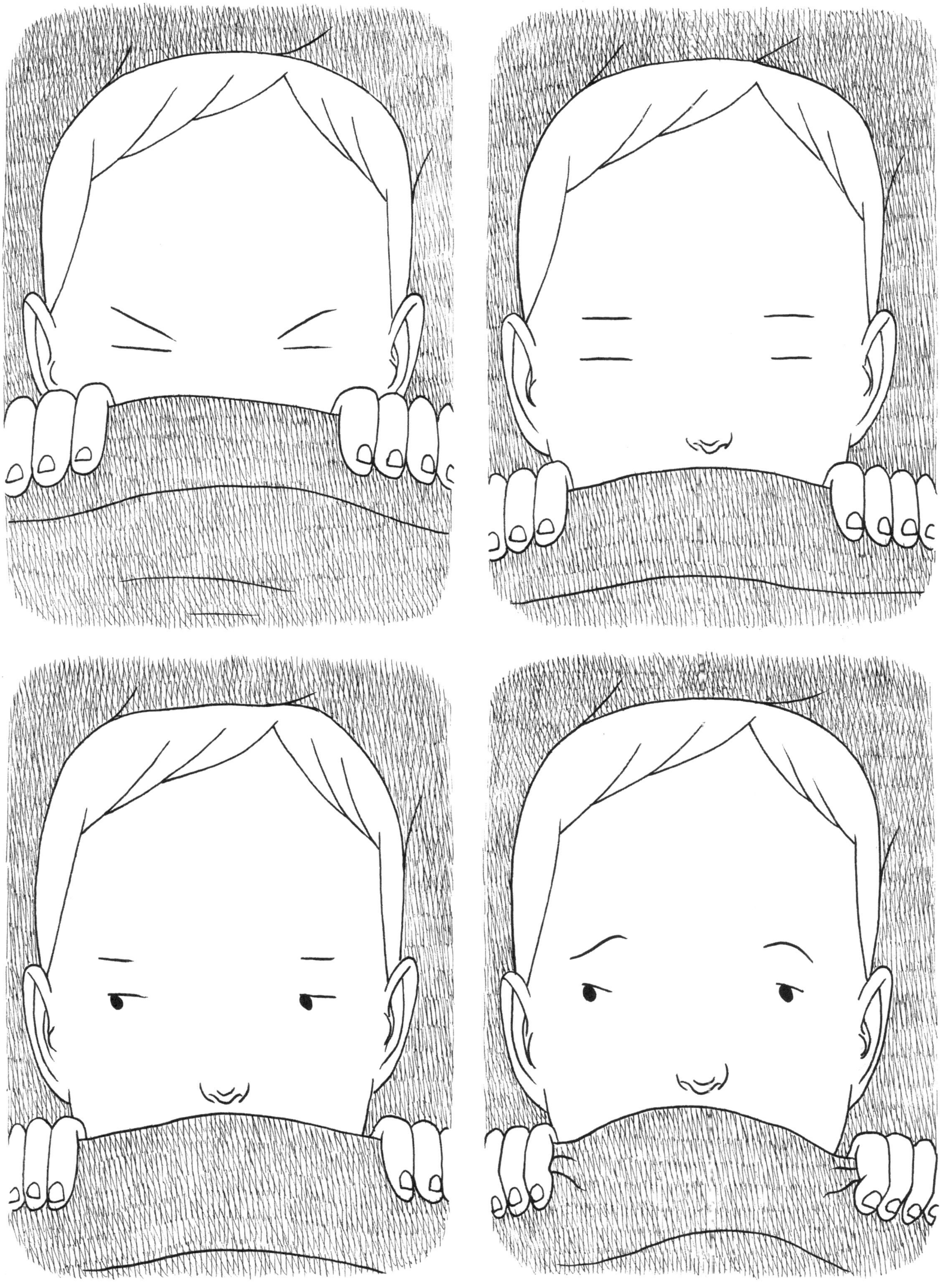

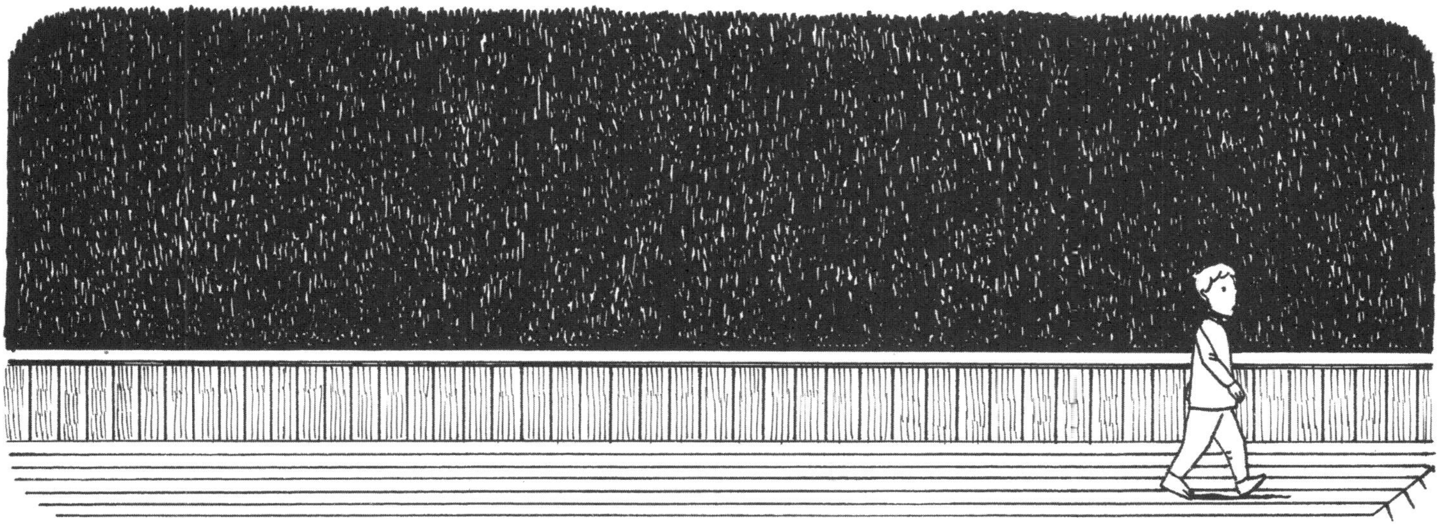

HE HE. ON DIRAIT QUE TU T'ES PERDU.

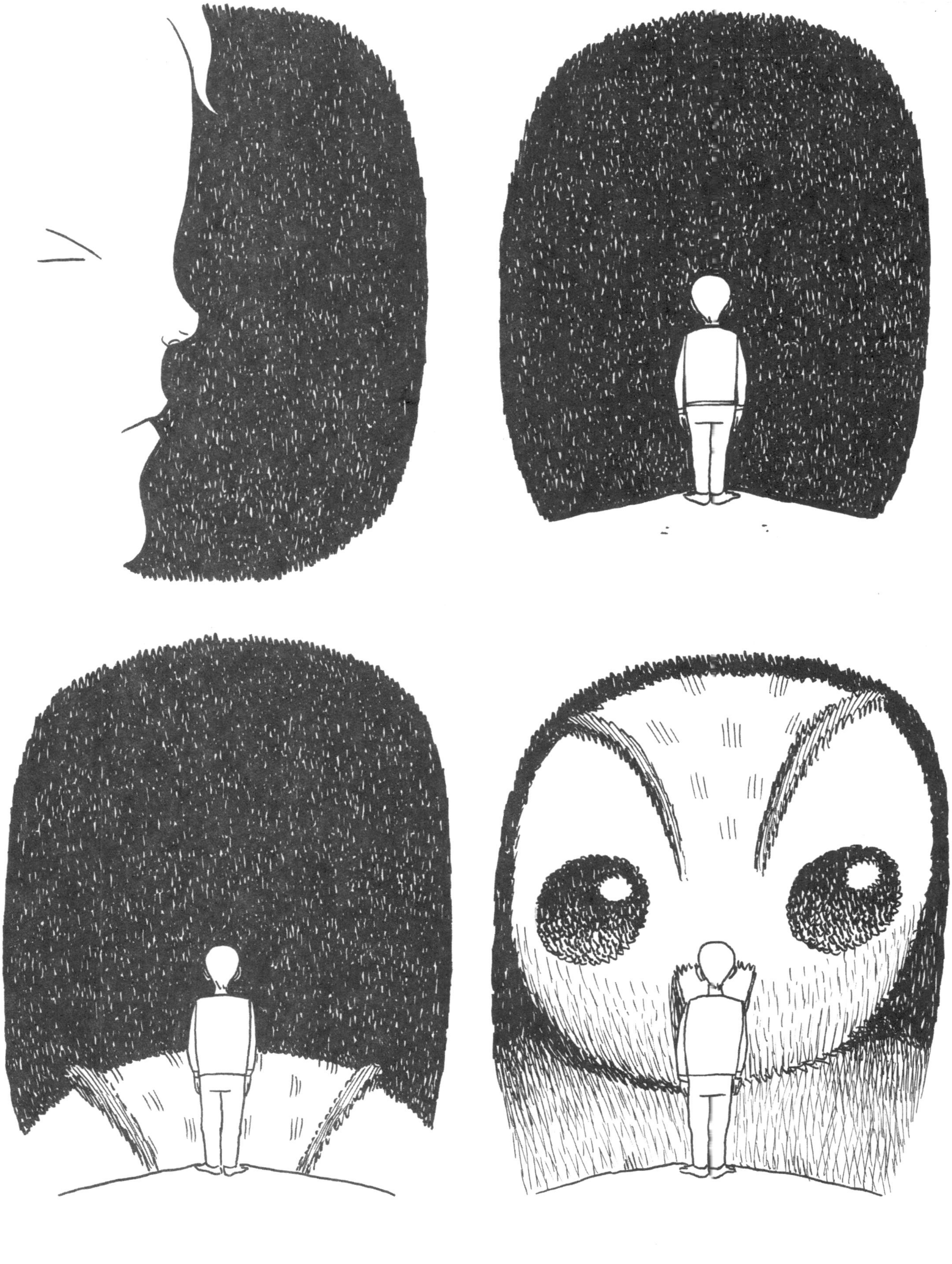

TU N'AS PAS À AVOIR PEUR.
TU VAS FINIR PAR T'HABITUER À CET ENDROIT.

AAAH !
DU CALME, BILLY.
C'EST FINI.

2
UGLY SPIRIT

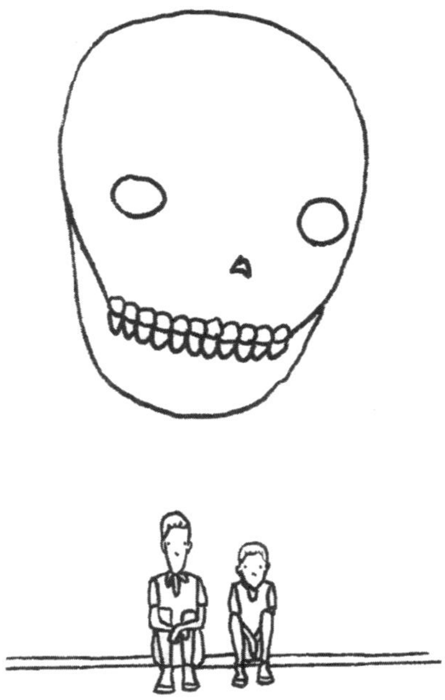

QUAND JE REGARDE EN ARRIÈRE, JE NE ME SOUVIENS PAS DE GRAND CHOSE.

EN RÉALITÉ, C'EST DIFFICILE DE VOIR DERRIÈRE TOUT CE BRUIT.
MAIS JE ME SOUVIENS TRÈS BIEN DE LA PEUR.
CAUCHEMARS ET ALLUCINATIONS QUI ME TOURMENTAIENT QUAND J'ÉTAIS PETIT.

LES ANIMAUX AU MUR.

LES PETITS HOMMES GRIS DE MA MAISON DE LEGO.

ET UN CAUCHEMAR ÉTRANGE : J'ÉTAIS UNE SORTE D'ANIMAL PRÉHISTORIQUE QUI ATTAQUAIT MA MÈRE PAR DERRIÈRE.

ELLE AVAIT EN OUTRE UN COU INCROYABLEMENT LONG.

BIEN PLUS TARD J'AI COMPRIS QUE J'AVAIS ÉTÉ POSSÉDÉ PAR UN UGLY SPIRIT.
CELA A EU DES CONSÉQUENCES TRAGIQUES DANS MA VIE.
MAIS CE N'EST PAS CE QUI IMPORTE MAINTENANT.

À N'IMPORTE QUEL MOMENT JE POUVAIS ME METTRE À PLEURER.
EH, QU'EST CE QU'IL Y A, BILL ?
QU'EST-CE QUE T'AS ?
BILLY !

JE NE COMPRENAIS PAS POURQUOI.
BILLY ! POURQUOI TU PLEURES ?
JE NE SAIS PAS !
J'ÉTAIS SIMPLEMENT ENVAHI PAR UNE IMMENSE SENSATION DE DÉSESPOIR.
VIENS-LÀ !

J'ALLAIS METTRE DES ANNÉES À LE COMPRENDRE.
ET ENCORE PLUS À M'EN DÉBARRASSER DÉFINITIVEMENT.

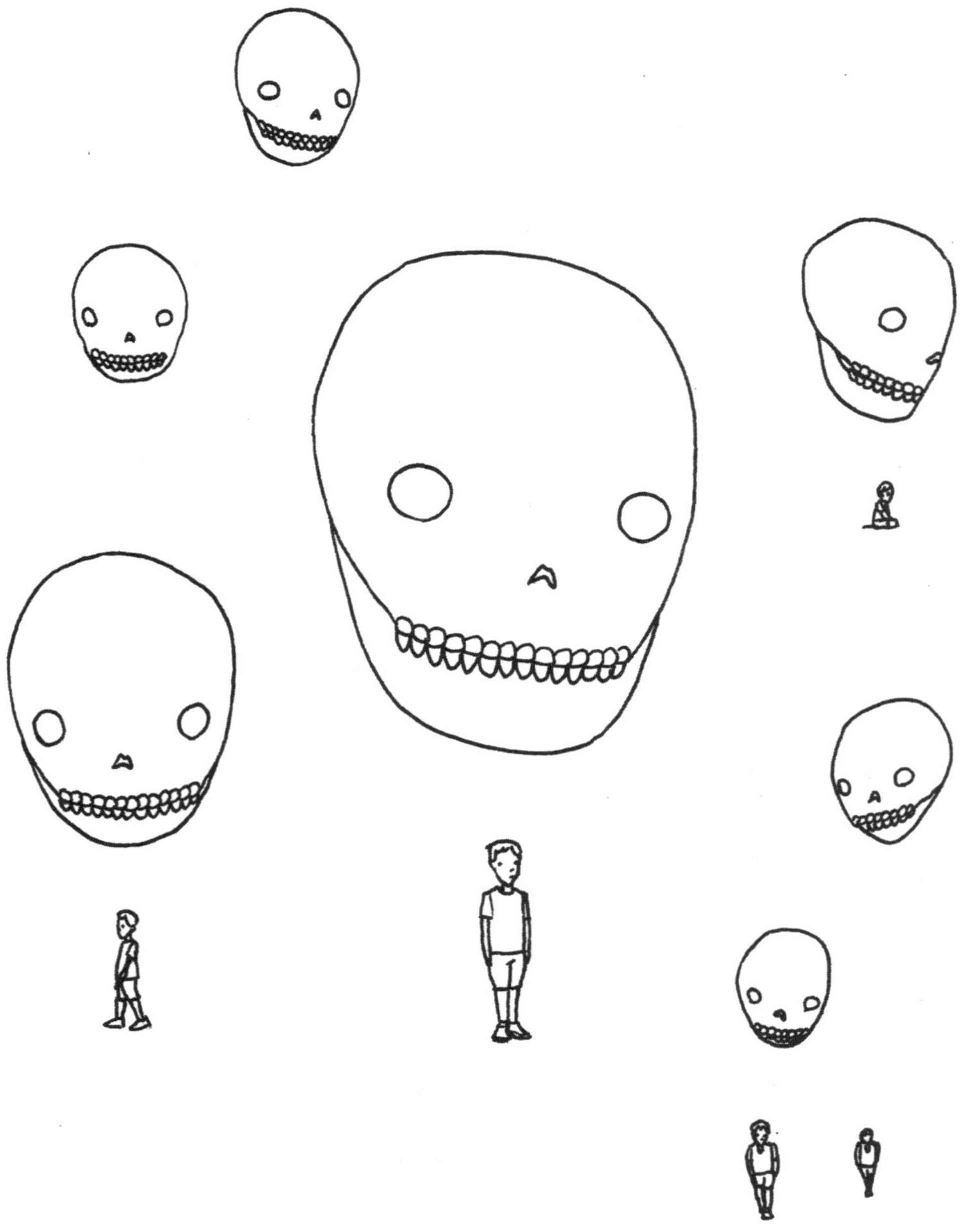

3
JOUR DE CHASSE

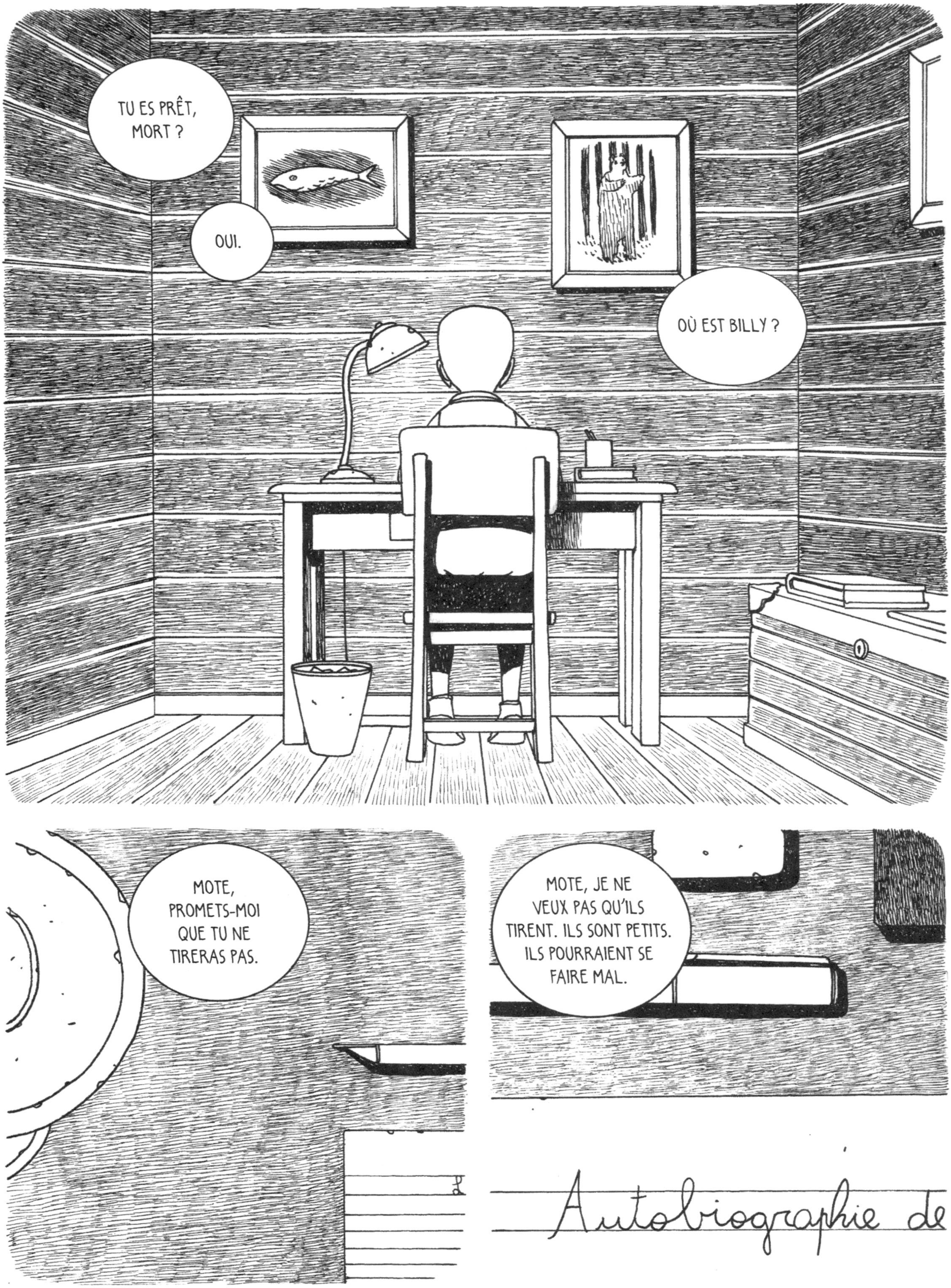
TU ES PRÊT, MORT ?
OUI.
OÙ EST BILLY ?
MOTE, PROMETS-MOI QUE TU NE TIRERAS PAS.
MOTE, JE NE VEUX PAS QU'ILS TIRENT. ILS SONT PETITS. ILS POURRAIENT SE FAIRE MAL.
Autobiographie de

QU'EST-CE QU'IL FAIT TOUTE LA JOURNÉE ENFERMÉ DANS SA CHAMBRE ?
IL ÉCRIT.
BILLY, ON Y VA ! JOUR DE CHASSE !

PAS SI VITE, BILLY ! AIDE TON FRÈRE À PORTER LES SACS.

TIENS-LE BIEN FORT.
MAINTE- NANT !

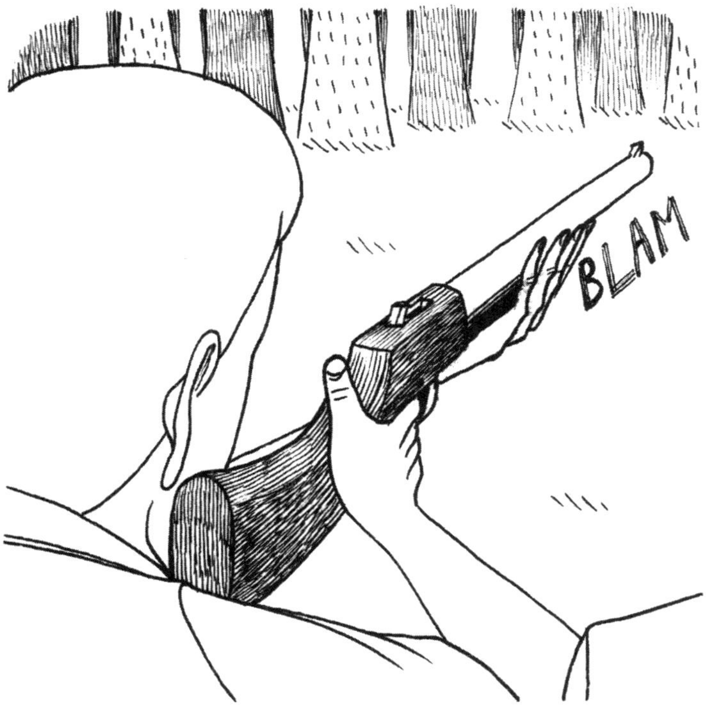
BLAM

BILL, T'APPROCHE PAS TROP. TU VAS FAIRE FUIR LE GIBIER.

CREEC
CREEC

PAPA !
QU'EST CE QU'IL Y A, BILLY ?

IL Y AVAIT UN CERF.
ET ?
ET IL ÉTAIT TOUT PETIT.
OUI...
ET VERT.

ALLEZ, BILLY !

4

MORPHINE

IL Y A UN MOMENT DE RUPTURE ET DE TRANSFORMATION DURANT MON ENFANCE.
JE SUIS PERSUADÉ QUE MA PREMIÈRE EXPÉRIENCE AVEC LA MORPHINE A CHANGÉ MON CARACTÈRE ET MA FAÇON DE VOIR LES CHOSES.

ENFANTS, NOUS AVIONS TOUS CES KITS DE PREMIERS CHIMISTES.
ET ON PRENAIT PLAISIR À FAIRE DES PETITES EXPÉRIENCES. JUSTE POUR VOIR COMMENT ÇA EXPLOSAIT OU FUMAIT OU CHANGEAIT DE COULEUR.

C'EST TRÈS DANGEREUX, BILLY !
UN JOUR TU AURAS UN ACCIDENT.
BIEN SÛR QUE NON !
JE SAIS TRÈS BIEN CE QUE JE FAIS.

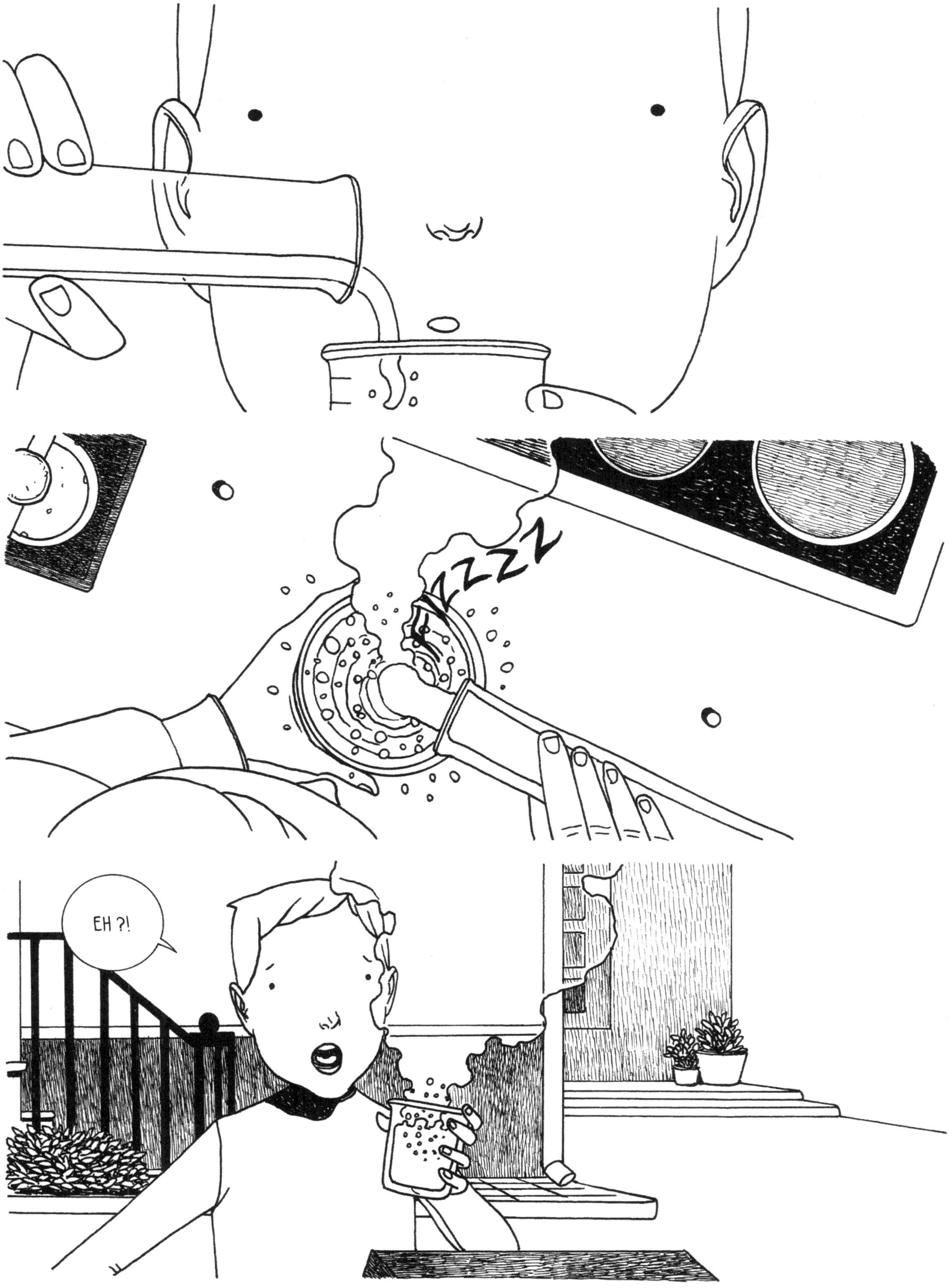
ZZZZZ
EH ?!

AAAHHH!!
QUE SE PASSE-T'IL?
ÇA BRÛLE !

BILL, JE TE L'AI DIT ET RÉPÉTÉ !
ON VA DEVOIR ALLER À L'HÔPITAL.

J'AI PEUR.
TOUT IRA BIEN.
S'IL VOUS PLAIT...

MON PAUVRE BILLY.

ACCOMPAGNEZ-MOI UN INSTANT.
SES BRÛLURES SONT ASSEZ PROFONDES.
MAIS IL IRA BIEN ?
OUI, MAIS IL VA AVOIR BESOIN DE CERTAINS SOINS QUE SEULEMENT ICI NOUS POUVONS LUI PROCURER.
COMBIEN DE TEMPS ?
AU MOINS UN MOIS. PEUT-ÊTRE UN PEU PLUS.

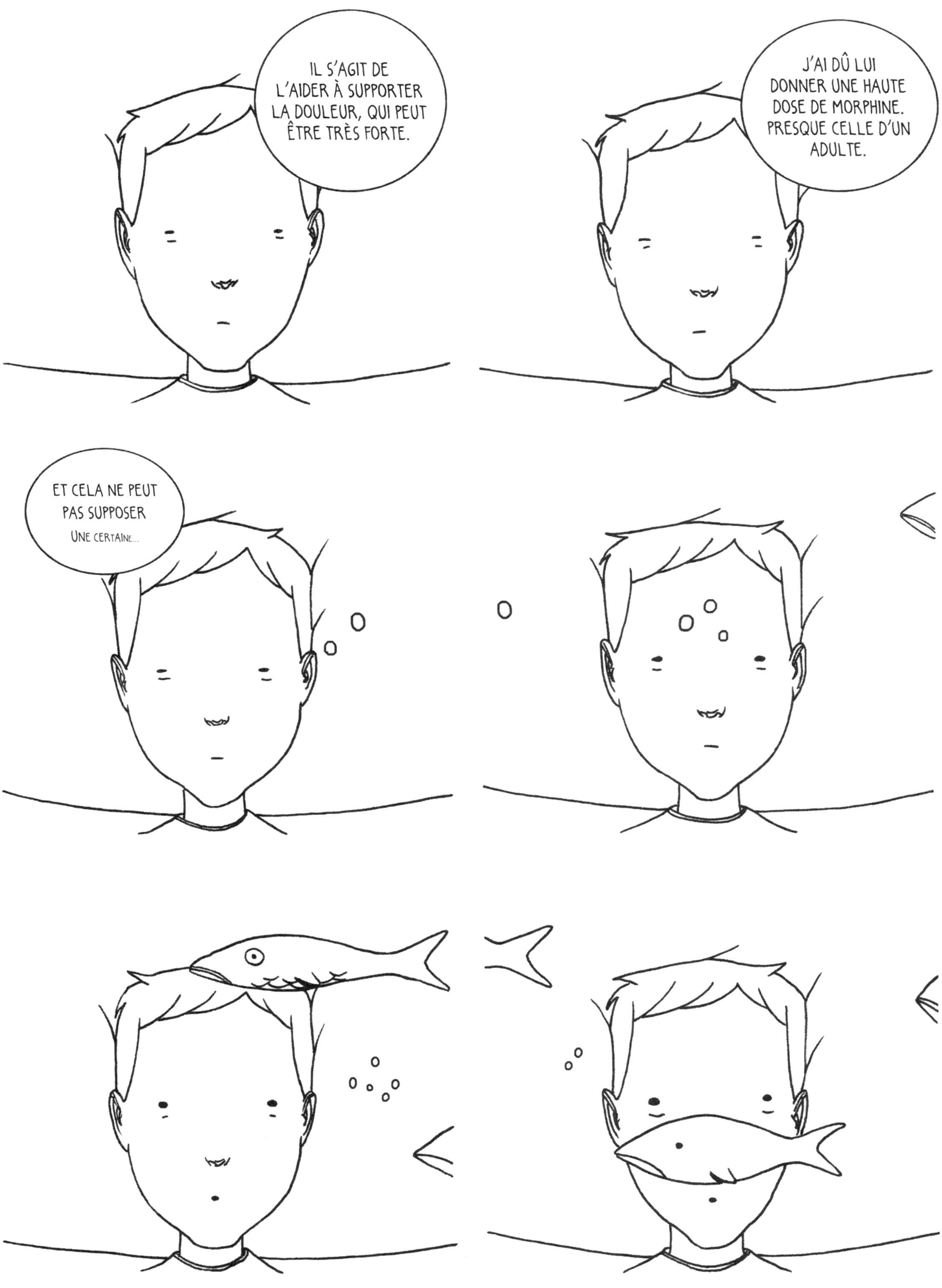
IL S'AGIT DE L'AIDER À SUPPORTER LA DOULEUR, QUI PEUT ÊTRE TRÈS FORTE.
J'AI DÛ LUI DONNER UNE HAUTE DOSE DE MORPHINE. PRESQUE CELLE D'UN ADULTE.
ET CELA NE PEUT PAS SUPPOSER UNE CERTAINE...

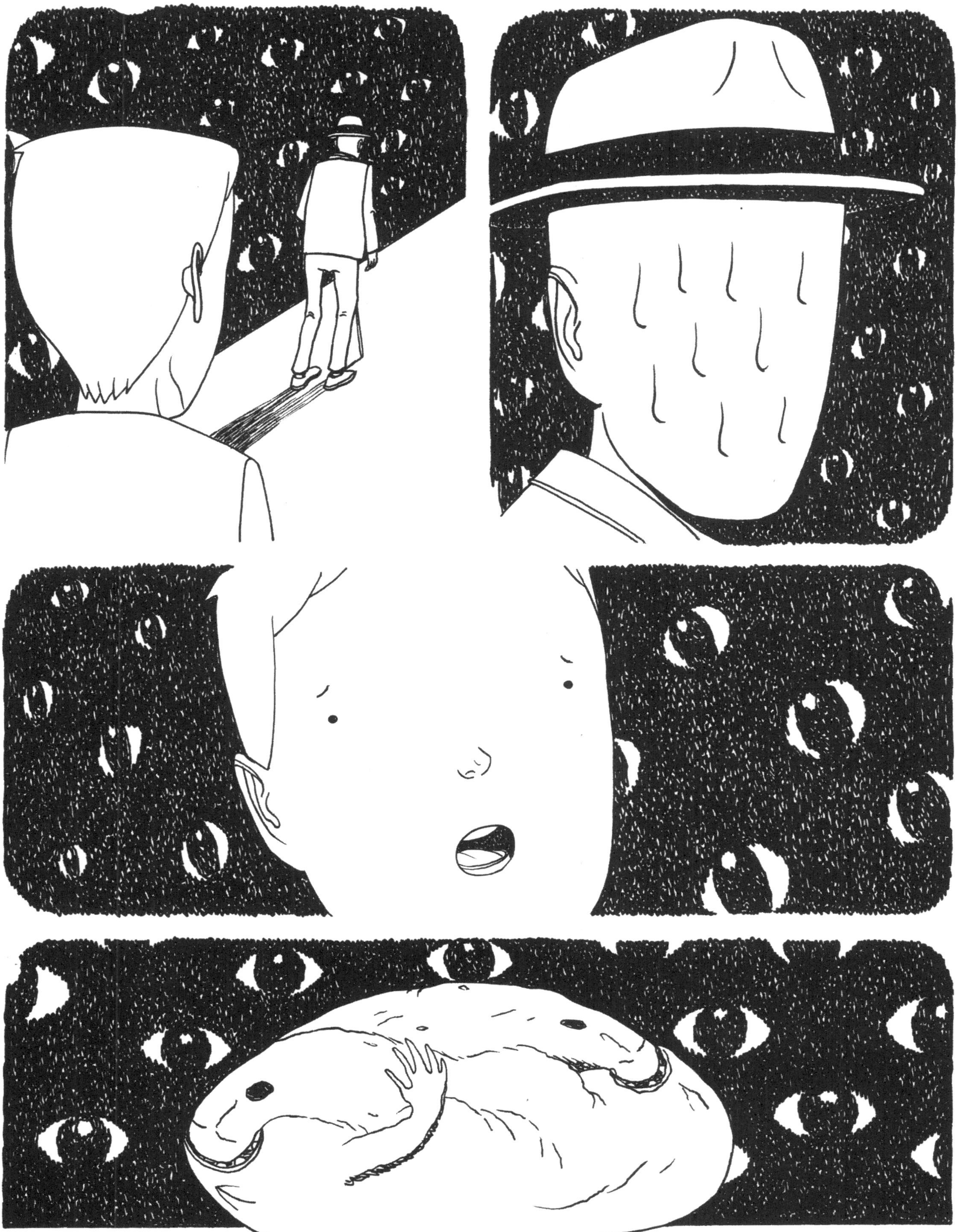

BILL.

MAINTENANT TU PEUX VOIR...

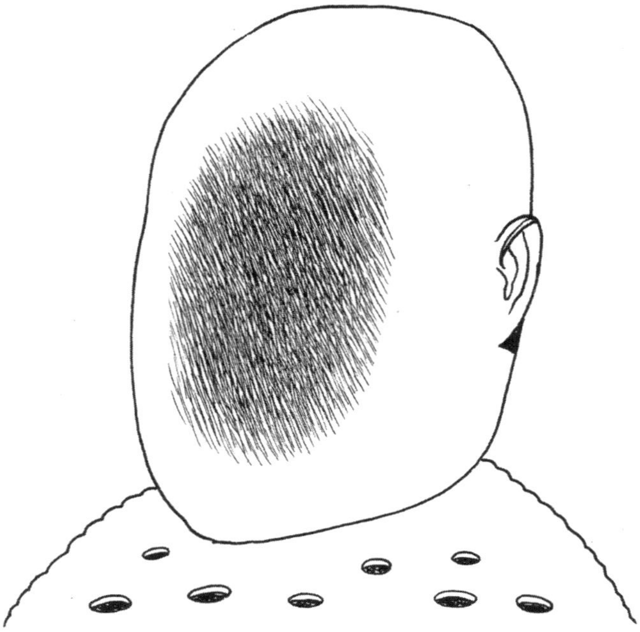

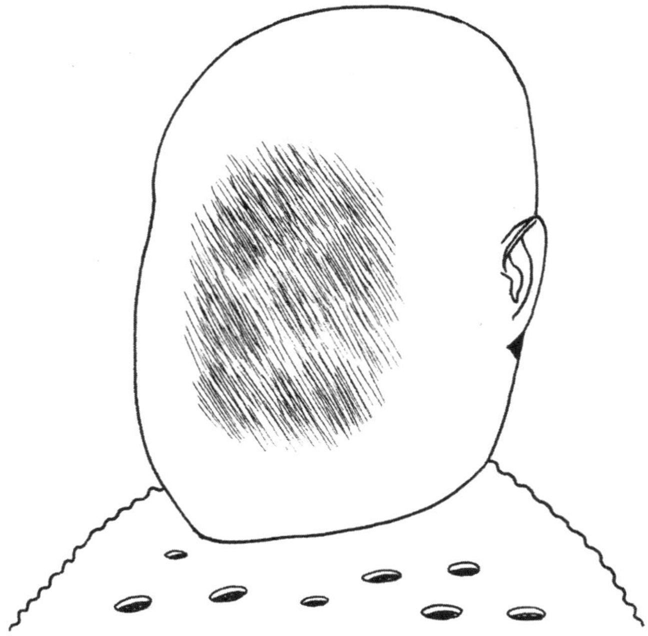

...LA VRAIE NATURE DES CHOSES.

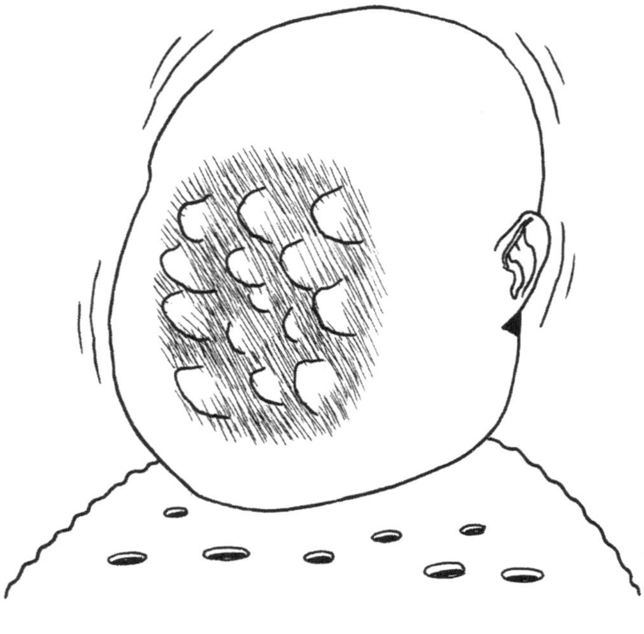

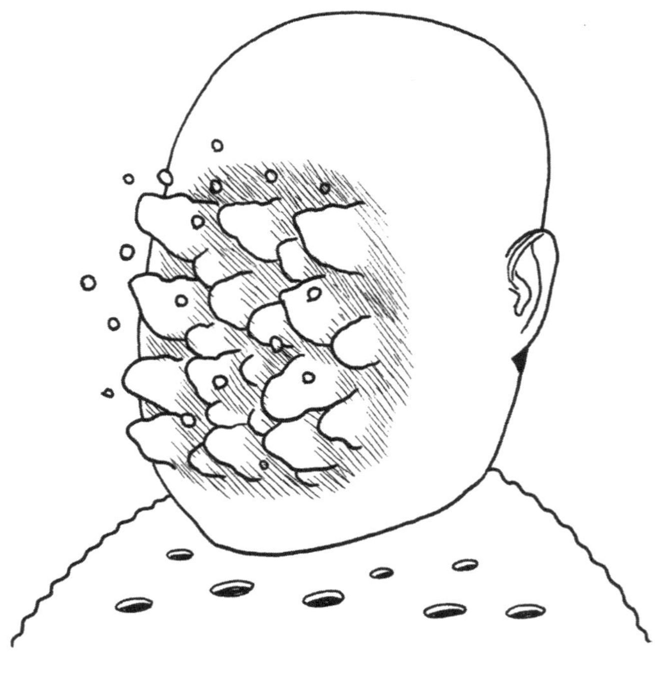

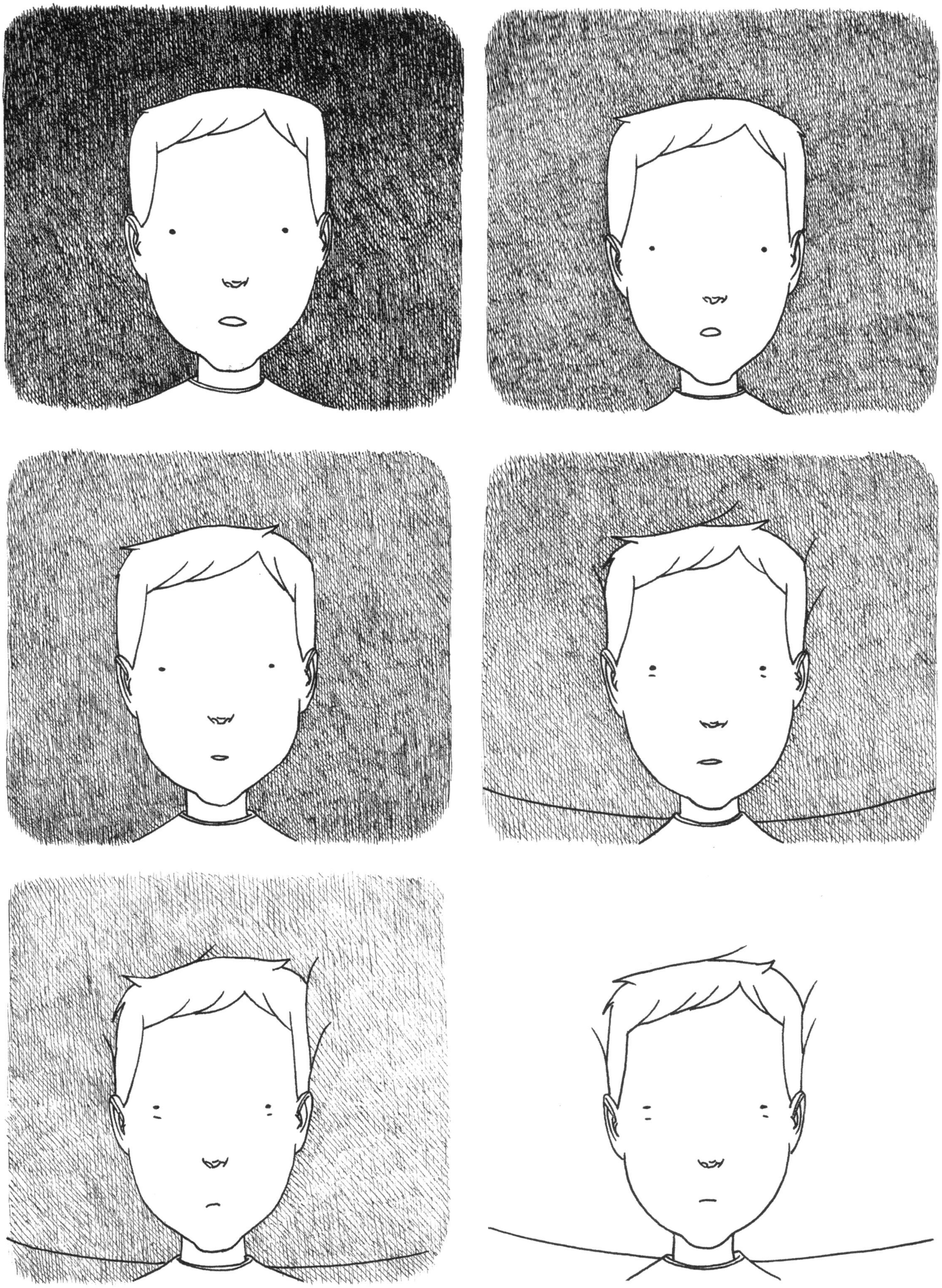

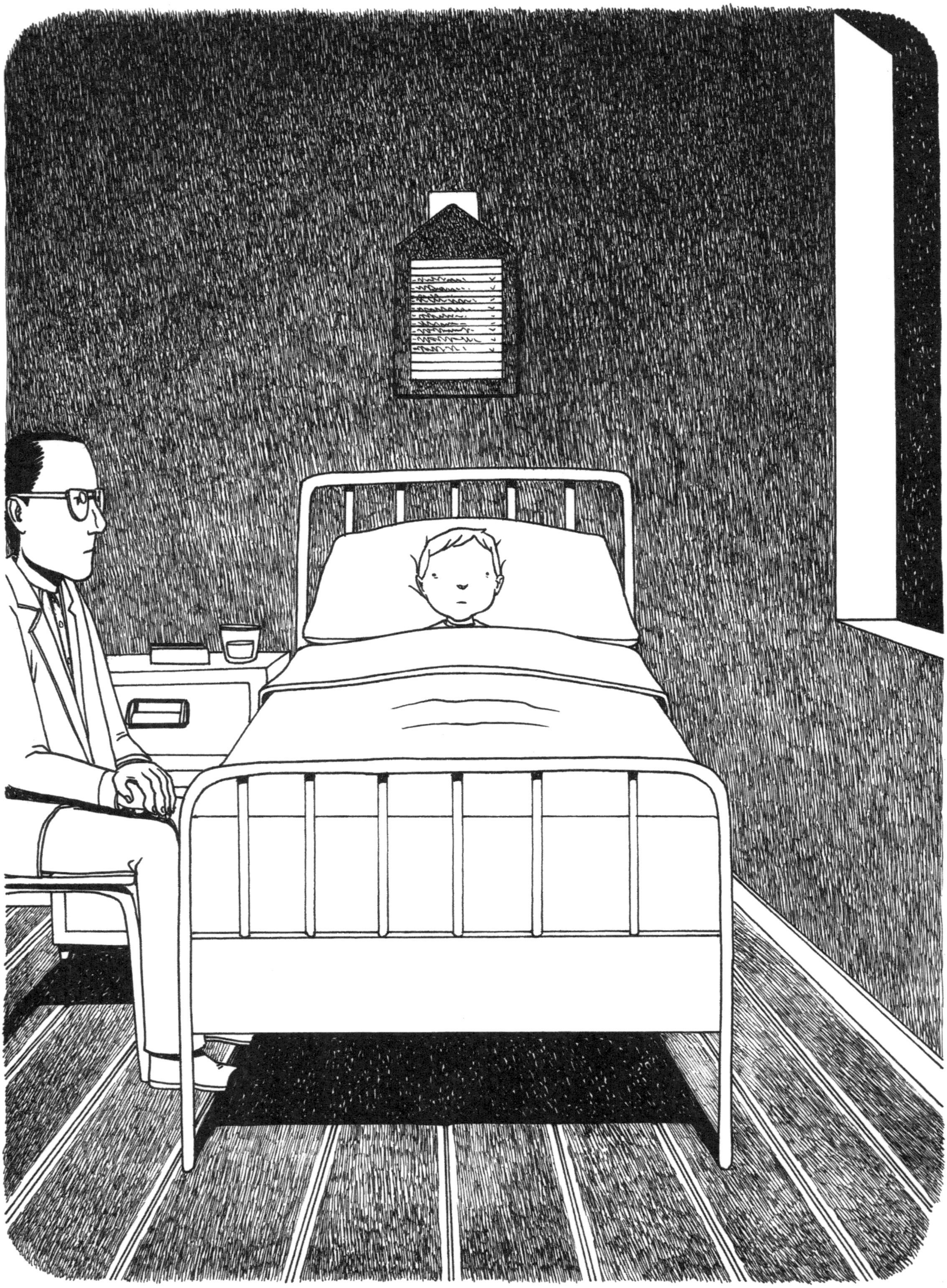

CETTE EXPÉRIENCE M'A TRANSFORMÉ EN UNE PERSONNE PLUS RÉSERVÉE.
ELLE M'A AUSSI DONNÉ QUELQUES PISTES, ET UNE VISION PLUS SOMBRE DU FUTUR.

5
AMI

J'ÉTAIS UN UN ENFANT TRÈS SOLITAIRE...
...IMMERGÉ DANS MES LECTURES ET CE PETIT MONDE IMAGINAIRE.
TOUTEFOIS, JE ME SOUVIENS D'UN AMI AVEC QUI J'AI ÉTÉ UN CERTAIN TEMPS.
ON ÉTAIT COMPLICES DE PETITS MÉFAITS.

REGARDE.
CRASH
HA HA HA HA HA HA HA !

ON ENTRE ?

T'Y ARRIVERAS JAMAIS !
ON VA VOIR.
CRASH!!

¡CRASH!
¡CRASH!
¡CRASH!
HA HA HA !
HA HA !
QUI VA LÀ ?

PETITS VAURIENS ! VOUS N'AVEZ PAS LE DROIT D'ÊTRE ICI !

VOUS ALLEZ VOIR !

GROUILLE !

COMMENT ÇA PUE ICI !
MOI J'AIME BIEN.

JE NE SAIS PAS SI JE VEUX CONTINUER À FAIRE ÇA.
QUOI ?
ENTRER PAR EFFRACTION, LANCER DES CAILLOUX, TOUT CASSER.
ÇA NE M'AMUSE PLUS.
ON Y VA ? IL EST TARD.

MARTIN ! TA MÈRE EST TRÈS INQUIÈTE.
RENTRE VITE !
JE N'AIME PAS TROP TON AMI. JE NE VEUX PLUS TE VOIR TRAINER AVEC LUI.
EN PLUS, ON DIRAIT UNE PÉDALE.

BILLY.
IL EST TARD.
ALLONS NOUS COUCHER.

6

L'AUTOBIOGRAPHIE D'UN LOUP

GROARG!

VOUS SAUREZ ME PARDONNER.
CELA ARRIVE TRÈS SOUVENT DANS L'INTERZONE.

DEPUIS TOUJOURS JE ME CONSIDÈRE COMME UN MALADE IMAGINAIRE CHRONIQUE.
ENFANT, JE LISAIS BEAUCOUP. DES HISTOIRES DE PIRATES, DE TERREUR, DE CRIMES.
SI ÇA N'ALLAIT PAS DANS LA VIE RÉELLE, JE POUVAIS TOUJOURS ME RÉFUGIER DANS MES LECTURES.
TOUT CELA M'A CONDUIT À L'ÉCRITURE.

MON PREMIER RÉCIT FUT «L'AUTOBIOGRAPHIE D'UN LOUP.»
OUI, AUTOBIOGRAPHIE.
MOI J'ÉTAIS LE LOUP.

L'Autobiographie d'un loup

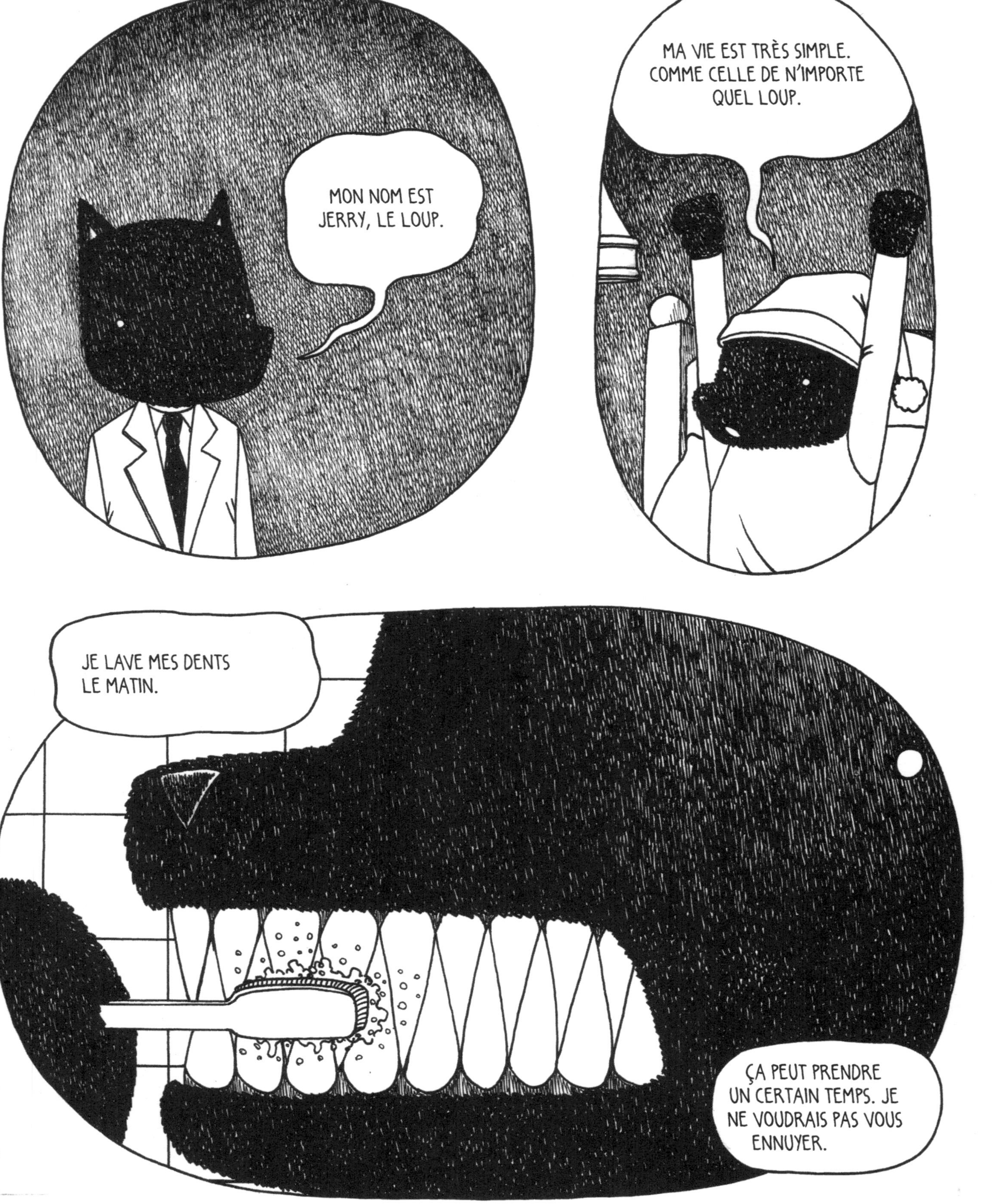

JE PETIT-DÉJEUNE.
Leche
JE CHOISIS LE COSTUME ADÉQUAT.
ET LE RESTE, C'EST TOUJOURS PAREIL. JE SORS À LA RECHERCHE DE L'AMOUR.

ON RECHERCHE TOUS LA MÊME CHOSE.
EH ! TU REGARDES QUOI ? JE TE DOIS QUELQUECHOSE ?
PAS LA PEINE DE S'ÉNERVER, MON POTE. PERSONNE NE TE VEUT DU MAL.
BAH, DU VENT !

MON DIEU.
JE SUIS SI TIMIDE.
ÇA NE VA PAS MARCHER.

TAC
TAC
TAC
TAC
TAC
TAC
BILLY, POURQUOI TU NE RÉPONDS PAS ?

IL EST DÉJÀ TRÈS TARD.
C'EST L'HEURE DE SE REPOSER.
QUE FAIS-TU ?

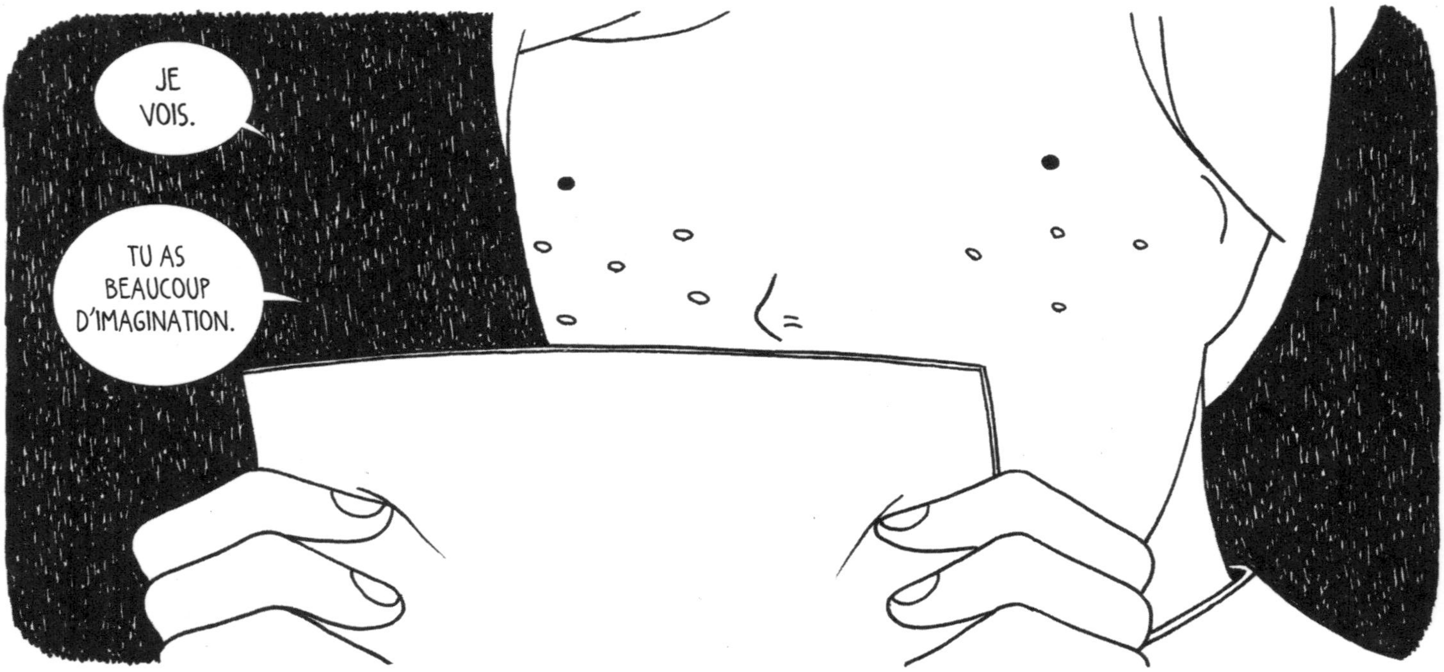
JE VOIS.
TU AS BEAUCOUP D'IMAGINATION.

BON ALLEZ, AU DODO !

JE SUIS
UN LOUP.

7
KID WITH GUN

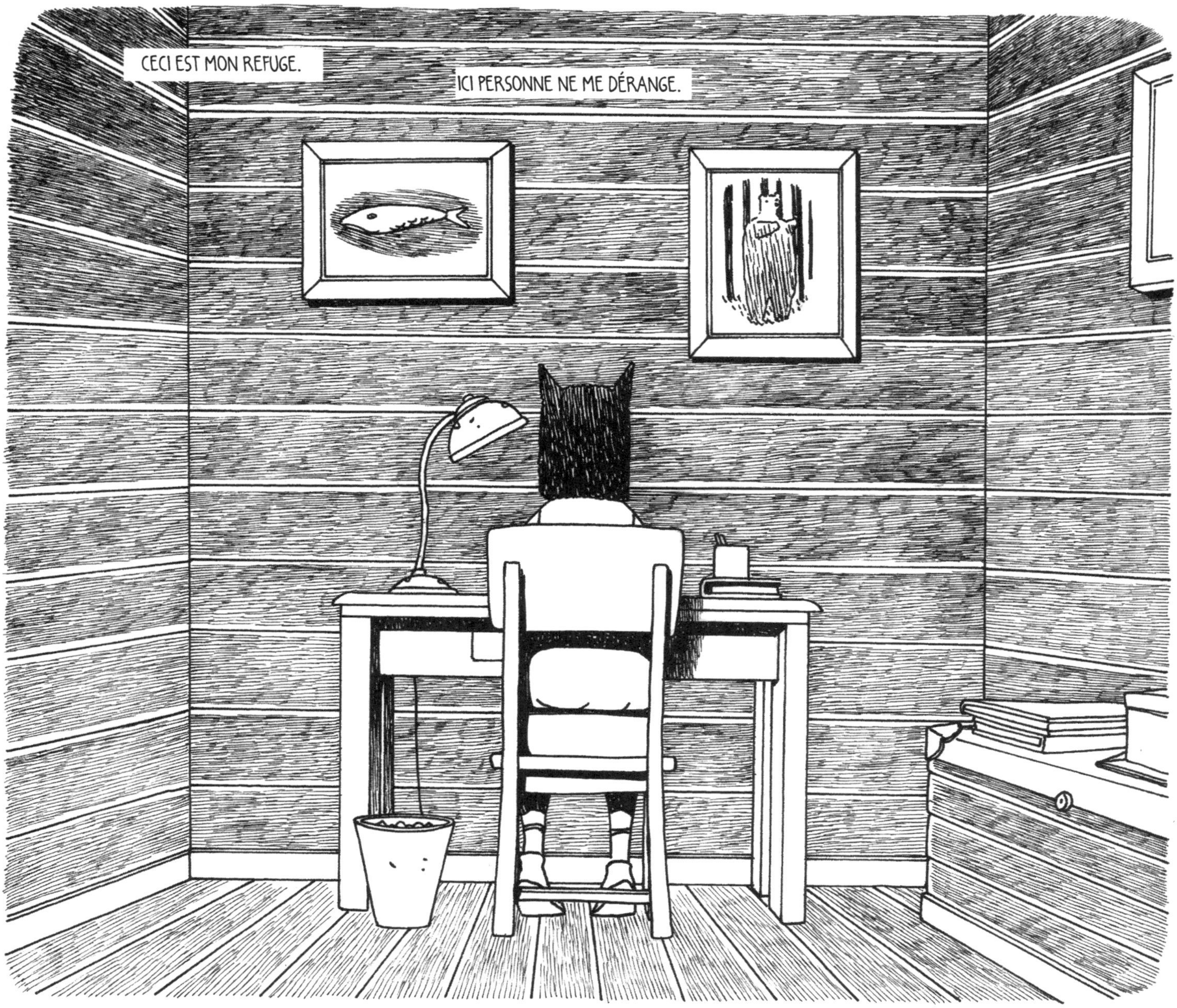
CECI EST MON REFUGE.
ICI PERSONNE NE ME DÉRANGE.

J'AI MA BOÎTE.

MES INSECTES. MES LIVRES.
YOU CANT WIN
JACK BLACK

ET J'AI MON ARME.

BILLY, À TABLE ! TU VAS ARRIVER EN RETARD À L'ÉCOLE

TU NE PEUX PAS ALLER À L'ÉCOLE AVEC CE MASQUE.
BON, DÉPÊCHE-TOI !

AUJOURD'HUI TON AMI NE PASSERA PAS TE CHERCHER. SA MÈRE VIENT D'APPELER.
NE T'EN FAIS PAS. CE N'EST PAS DE SA FAUTE.

HA HA HA HA
HA HA HA HA HA !
OUILLE, CET IDIOT DE BILL VIENT PAR ICI.
PAR TA FAUTE.
IL FAIT L'IDIOT.
CHUUUT.
HE HE HE.

ALLEZ, ON Y VA.
FINIE LA RIGOLADE.
OUAIS, ON Y VA. HE HE HE.

BILL,
QU'EST-CE QUE
TU FAIS ?
TU FAIS TOUJOURS
L'IMBÉCILE. ON N'A
PLUS L'ÂGE.

BON, MOI AUSSI J'Y ALLAIS.
SALUT, BILL.

ALLEZ, LES ENFANTS !

FAITES ATTENTION !
HA HA HA !

RUM
RUM

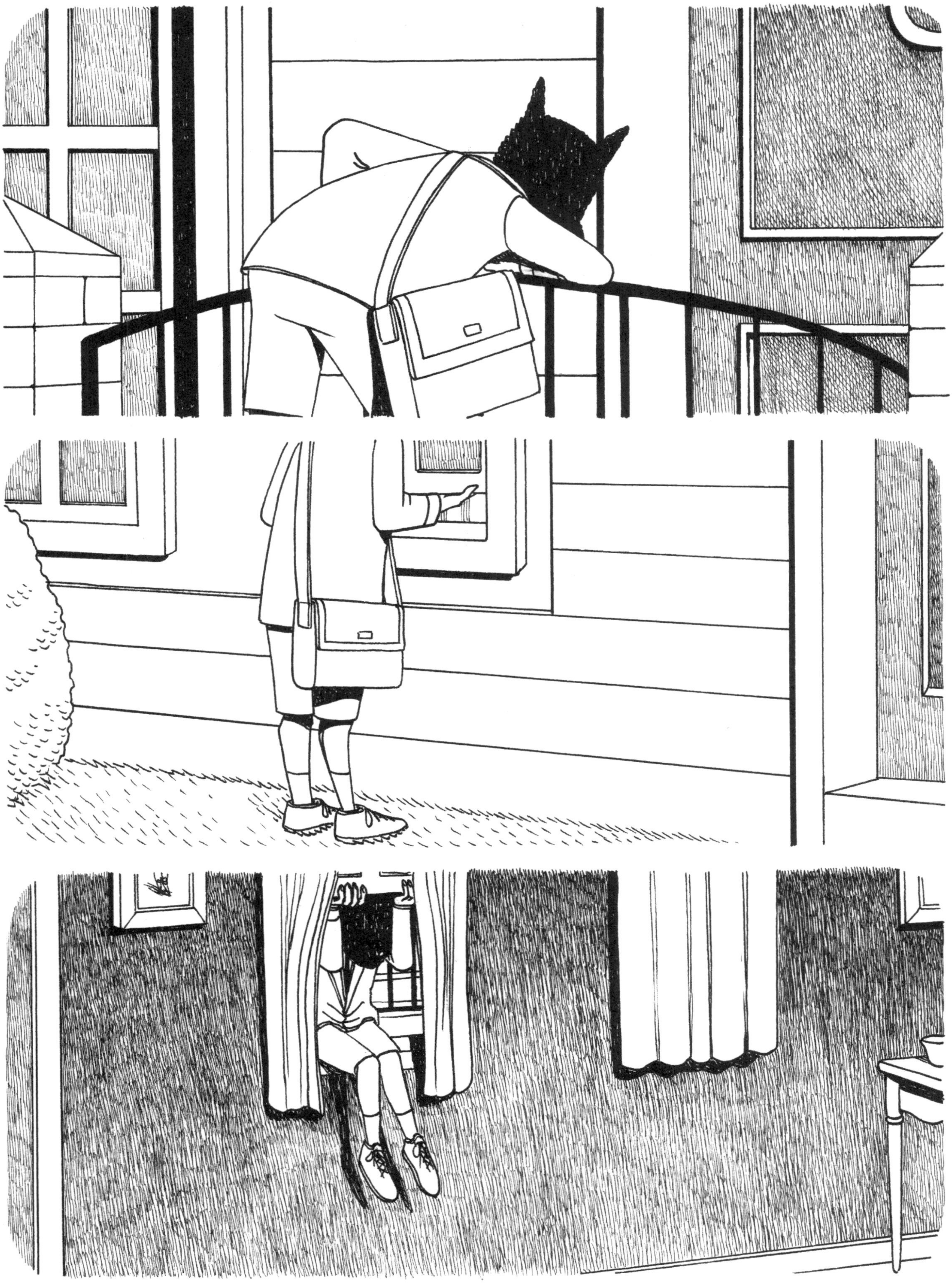

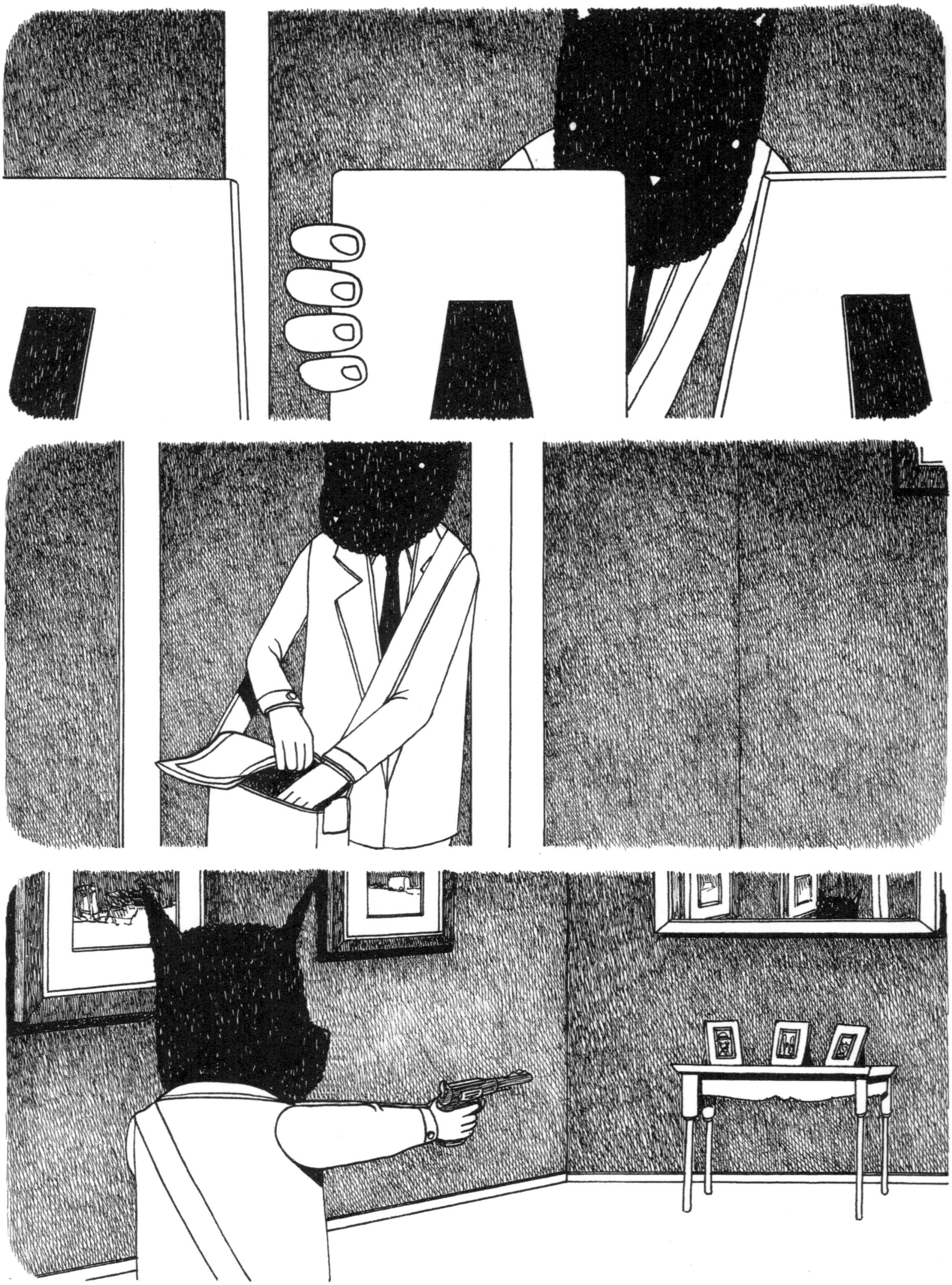

BLAM
BLAM
BLAM

8
PIQUE-NIQUE ET FINAL

HA HA HA
HA HA.

HE HE HE.

EH ! QUI VA LÀ ?
QU'EST-CE QUE C'EST ?
UN ENFANT.
HA HA HA HA HA HA HA. C'EST BILLY AVEC SON MASQUE !
APPROCHE, PETIT MONSTRE ! ON PIQUE-NIQUE !

C'EST QUI ?
C'EST BILLY, L'ENFANT QUE JE GARDE CHEZ LES BURROUGHS.
À MON AVIS, C'EST PLUS UN MONSTRE QU'UN ENFANT.
UN HORRIBLE MONSTRE. HA HA HA HA HA HA HA.

SOIS PAS TIMIDE, APPROCHE.
ALLEZ BILLY. ENLÈVE CE MASQUE RIDICULE. TU ES GRAND.
LAISSE-LE TRANQUILLE. TU VOIS BIEN QUE C'EST UN MONSTRE !
ON EST TOUS DES MONSTRES ICI. HA HA HA HA HA HA HA HA.

JOUE AVEC NOUS, BILLY.
N'AIE PAS PEUR.
AHHHHHHH!!
BILLY ! C'ÉTAIT UN JEU ! REVIENS, N'AIE PAS PEUR !

QUI ES-TU ?
TU SAIS TRÈS BIEN QUI JE SUIS.
ET QUE FAIS-TU ICI ?

JE PASSAIS SEULEMENT DIRE BONJOUR.

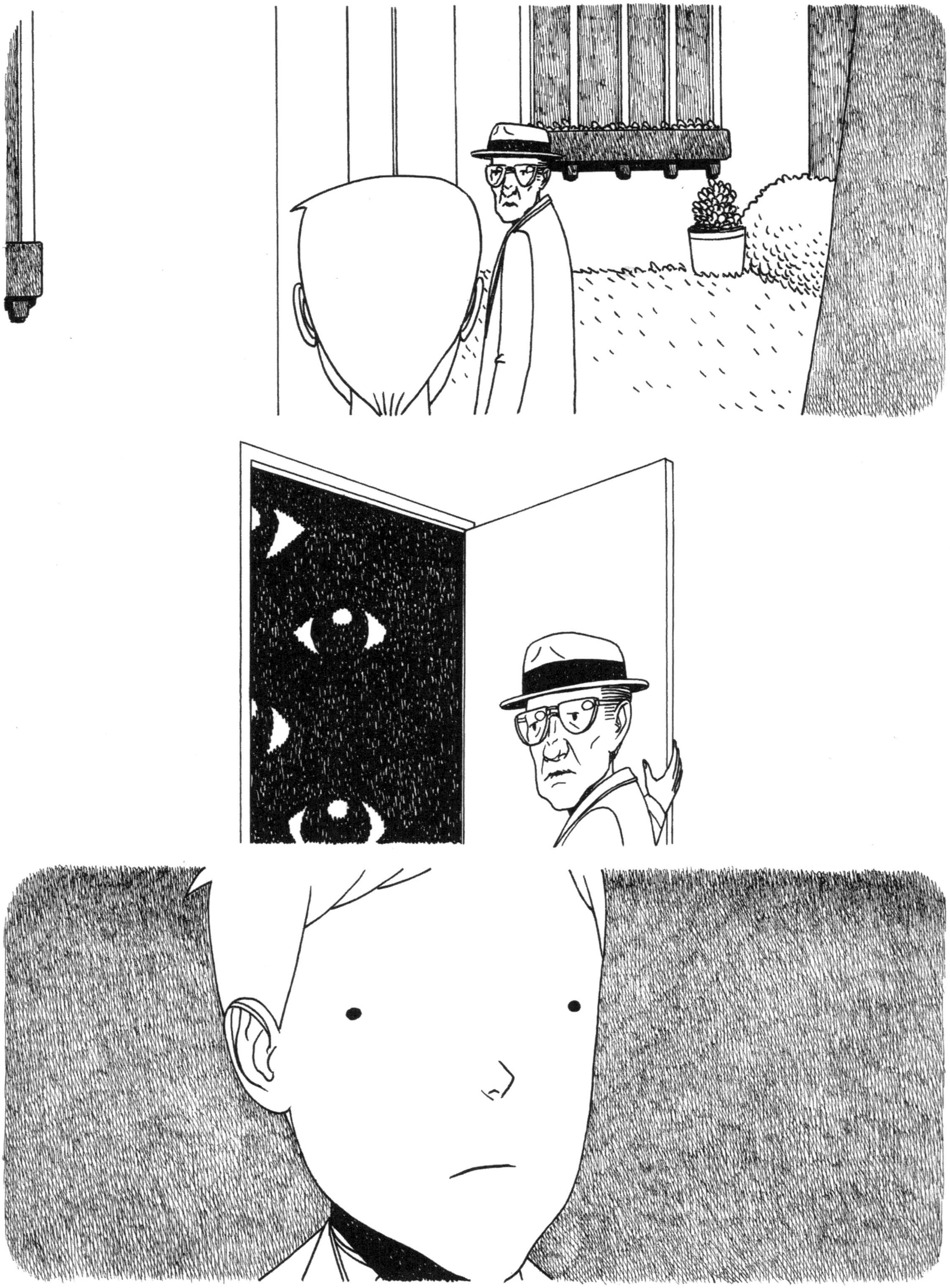

PEDRO MANCINI

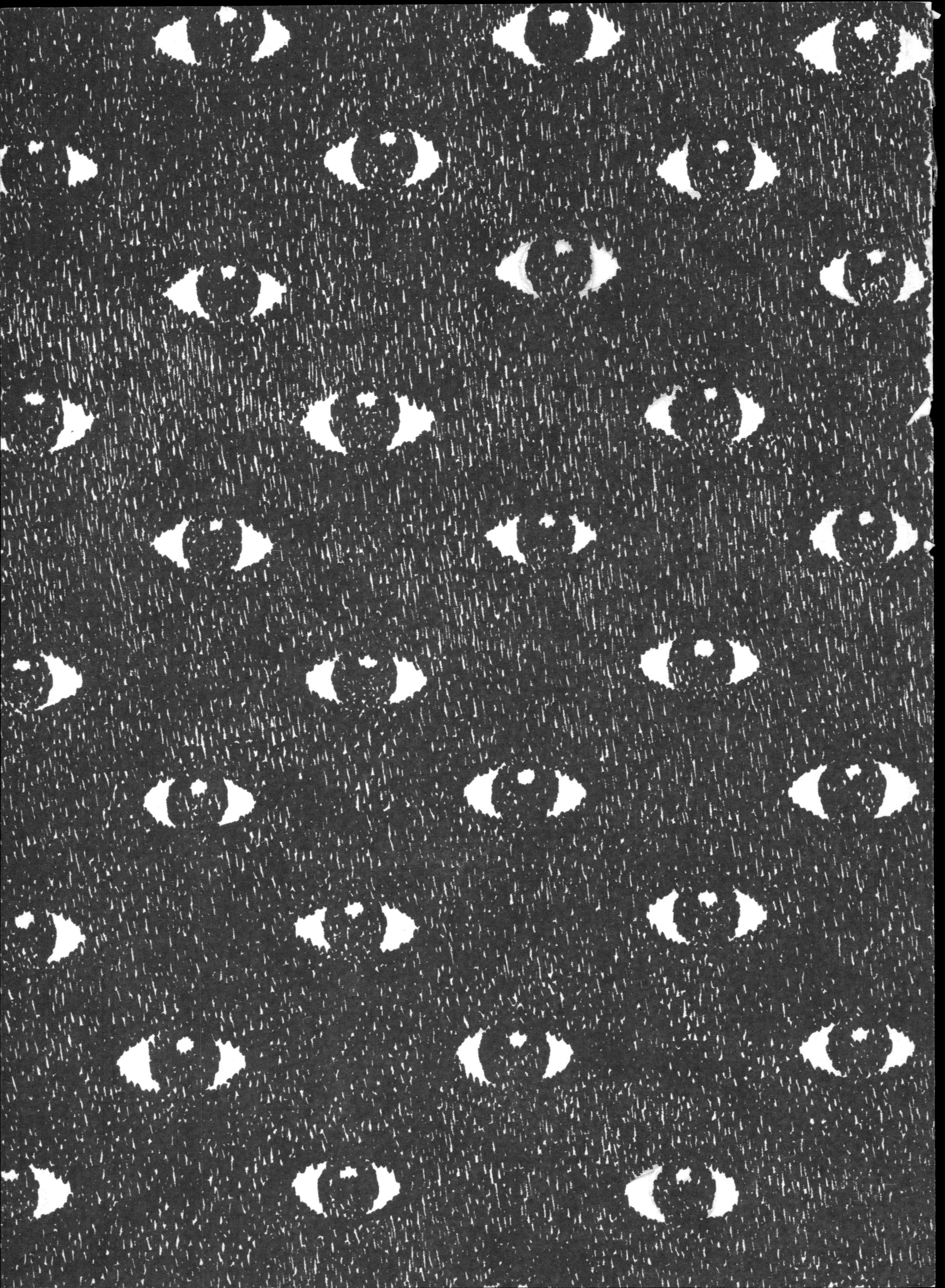